De L'histoire Et Du Bon Usage De La Langue Fran#aise...

#mile Egger

DE L'HISTOIRE

ET DU BON USAGE

DE LA LANGUE FRANÇAISE

IMPRIMERIE L. TOINON ET Ce, A SAINT-GERMAIN

CONFÉRENCES POPULAIRES
FAITES A L'ASILE IMPÉRIAL DE VINCENNES
SOUS LE PATRONAGE
DE S. M. L'IMPÉRATRICE

DE L'HISTOIRE
ET DU BON USAGE
DE LA LANGUE FRANÇAISE

PAR

E. EGGER

MEMBRE DE L'INSTITUT
Professeur à la Faculté des lettres de Paris.

PARIS
LIBRAIRIE DE L. HACHETTE ET Cie
BOULEVARD SAINT-GERMAIN, N° 77

1868

DE L'HISTOIRE

ET DU BON USAGE

DE LA LANGUE FRANÇAISE

MESSIEURS,

Voyager au loin est une belle chose; rester chez soi ou y rentrer a bien aussi son charme ; sans avoir jamais couru longtemps les grandes routes, je connais le plaisir des voyages et j'apprécie plus encore les plaisirs moins coûteux que m'offrent souvent Paris et ses plus prochains alentours. On n'estime pas assez le département de la Seine, et l'on va souvent chercher bien loin de beaux paysages que l'on a tout près de soi. Telles sont, Messieurs, les réflexions que je faisais naguère en me préparant à vous parler ici de la langue française et de son histoire. Dans de précédentes conférences, je vous ai promenés à travers des pays étrangers et lointains; je vous ai entretenus de Rome, de la Grèce et même de l'Égypte. Il m'est doux aujourd'hui de revenir avec vous en France, et de vous entretenir des choses de notre patrie. Il se trouve d'ailleurs que le sujet dont nous parlerons ce soir est aussi neuf qu'intéressant, et je dis neuf non pas seulement pour les personnes qui n'ont reçu qu'une éducation élémentaire, comme sont peut-être la plupart d'entre vous, mais pour ceux que l'on nomme des gens du monde et même des lettrés.

Nous sommes très-fiers de notre langue et nous avons raison. Il y a longtemps qu'elle jouit en Europe de la plus grande popularité. Au XIIIe siècle, un Italien qui écrivait un livre plein de savoir et qui était jaloux de trouver un grand nombre de lecteurs, l'écrivaît en français de préférence à sa langue nationale, parce que, disait-il, « il n'y a pas de plus délectable langage ni de plus commun à tous[1]. »

Depuis ce temps, l'heureuse réputation de notre langue n'a fait que grandir ; le français est devenu, pendant deux ou trois siècles, la langue des relations diplomatiques, dans toute l'Europe, et il s'en est fallu de peu qu'il ne prît dans l'Amérique du Nord le rôle que lui a enlevé la langue anglaise. Il y a cent ans, ou environ, je crois, un homme d'esprit disait : « On cherche une langue pour l'usage commun de tous les peuples ; elle est toute trouvée : c'est la langue française[2]. » Soyons modestes, et rabattons beaucoup de ces éloges et de cette ambition ; il restera vrai que notre langue est une des plus belles et des plus riches que l'on parle sur la terre, une de celles qui ont produit le plus de belles œuvres en vers et en prose. Elle exprime au plus haut degré le génie de notre nation : elle est une des meilleures parties de l'héritage que nos pères nous ont légué.

Et pourtant nous ne la connaissons, nous ne l'étudions guère qu'en vue de la pratique. Ses origines et la suite de son développement sont choses fort négligées, non-seulement de ceux qui écrivent l'histoire générale de la France, mais de ceux mêmes qui nous racontent l'histoire de la littérature française [3]. Nous avons, il est vrai, sous le nom d'École des Chartes, un établissement où l'on professe, entre autres sujets d'étude, la science du vieux français [4] ; une chaire a été récemment fondée au Collége de France pour le même enseignement [5] ; l'École Normale supérieure y prépare en quelque mesure les professeurs qui doivent diriger les études de la jeunesse dans les colléges et dans les lycées[6]; mais tous ces efforts n'ont pas encore réussi à répandre dans le public beaucoup de notions satisfaisantes sur un sujet jusque-là réservé aux savants de profession. C'est au collége Chaptal que, pour la première fois, il y a quatre ans, on a commencé de l'enseigner dans un cours spécial, et l'un des auteurs de cette innovation, mon ami M. Pellissier, a publié, il y a un an, le premier ouvrage élémentaire où l'on puisse suivre les changements principaux qu'a subis notre langue depuis ses origines jusqu'à nos jours[7].

J'avais donc raison de vous dire que notre conférence de ce soir traiterait une matière doublement digne de vous intéresser, et par son importance et par sa nouveauté. En vous parlant ainsi, je ne prenais pas une simple précaution oratoire pour me faire bien venir de mes auditeurs.

I

Afin de simplifier autant que possible une exposition dont le détail dépasserait facilement les bornes d'une conférence, je réduirai d'abord à trois périodes principales l'histoire de notre pays et des langues qu'on y a parlées.

La première sera la période *gallo-romaine*; la seconde, la période *romane*; la troisième, la période *française*.

Les plus anciens habitants de ce grand pays qu'on appelle aujourd'hui la France, étaient les Celtes ou Gaulois, divisés eux-mêmes en plusieurs races, mais qui parlaient des langues sœurs l'une de l'autre, ou, comme on dit en terme de grammaire, des *dialectes* sortis d'une même souche. Nos ancêtres alors n'étaient à vrai dire ni des barbares ni des gens tout à fait civilisés. Ils avaient une religion assez grossière, mais ils croyaient à l'immortalité de l'âme, et cette croyance leur inspirait un courageux mépris de la mort. Leurs institutions militaires et civiles étaient supérieures à celles des autres peuples de l'Europe, les Grecs et les Romains exceptés. Encore faut-il dire que les Gaulois avaient, un jour, envahi l'Italie et tenu en échec la fortune, alors naissante, des Romains; et quant aux Grecs, établis depuis longtemps à Marseille et sur toute cette côte de la Méditerranée, ils y avaient introduit les usages et les arts de la civilisation la plus avancée.

A partir du premier siècle avant l'ère chrétienne, les Romains ont, à leur tour, envahi, colonisé et organisé la Gaule. Peut-être n'y ont-ils jamais été fort nombreux; mais ils avaient sur les indigènes de grands avantages qui, pendant quatre ou cinq siècles, assurèrent leur domination : c'étaient une discipline militaire plus savante, une religion moins mêlée de coutumes barbares, une législation plus équitable, une culture d'intelligence beaucoup plus développée. A tous ces titres, les Romains étaient supérieurs aux Gaulois, et voilà comment ils n'eurent pas trop de peine à faire prédominer la langue latine sur le sol de leur nouvelle conquête. Pendant plus de quatre siècles, le latin fut, dans la Gaule, la langue de la religion, de l'administration, des lettres ; il fut à peu près la seule qu'on enseignât dans toutes les écoles. Il se forma ce que l'on peut appeler une littérature gallo-romaine. Un témoignage, entre beaucoup d'autres, de cette prédominance du latin sur les dialectes indigènes, ce sont les monuments antiques de la Gaule, qui nous ont conservé cinq ou six mille inscriptions latines, et à peine quarante ou cinquante courtes inscriptions grecques et quinze ou vingt celtiques. Cette proportion ne peut être un effet du hasard.

En règle générale, on peut dire qu'un peuple conquérant a d'autant plus de chances de dominer le peuple vaincu, qu'il est lui-même plus avancé en civilisation. Peu importe d'ailleurs que les envahisseurs soient plus ou moins nombreux que leurs nouveaux sujets. Les annales de notre pays offrent un mémorable exemple de cette loi historique ; au IXe et au Xe siècles, des pirates venus du nord de l'Europe, sous le nom de Normands, ont fini, après plusieurs invasions successives, par s'emparer de la belle province à laquelle leur nom reste aujourd'huï attaché. En 1066, ces Normands, sous la conduite de leur duc Guillaume, sont allés conquérir l'Angleterre ; eh bien, savez-vous quelle langue parlaient alors les Normands ? Ce n'était plus celle de leur mère-patrie, de la presqu'île scandinave ou des îles de la Baltique, c'était le latin dégénéré que, sous le nom de langue *romane*, on parlait depuis plusieurs siècles dans le nord de la Gaule. En effet, cette population de pirates scandinaves, à la fois peu nombreuse et fort grossière, avait bien pu s'imposer par la violence aux populations riveraines de la basse Seine, mais une fois établie solidement dans sa nouvelle conquête, elle s'y était vue, à son tour, vaincue et dominée par la civilisation des anciens habitants. Elle avait peu à peu désappris sa propre langue pour celle des Neustriens (comme on les appelait alors), si bien que le jour où Guillaume le Conquérant, duc de Normandie, rédigea un code de lois pour ses nombreux sujets d'Angleterre, le code fut rédigé en langue romane. Ce recueil existe encore aujourd'hui, et c'est un des plus anciens monuments de notre langue[8].

Par ce détour, Messieurs, qui semble nous avoir éloignés du sujet de notre conférence, j'entre, au contraire, tout naturellement dans la seconde de nos trois périodes, celle que j'ai appelée *romane*.

A partir du IVe siècle, la Gaule, depuis longtemps romaine, avait été envahie, des Alpes à l'embouchure du Rhin, par des nations barbares qui, après de longues luttes, avaient fini par l'arracher à la domination de Rome. Au Nord, c'étaient les Francs; plus bas, les Bourguignons; au Midi, les Visigoths. Parmi tous les désordres et tous les déchirements de ces invasions, la culture des arts et des lettres avait bientôt disparu ou s'était réfugiée dans les monastères. Peu ou point d'écoles pour transmettre les traditions du bon langage latin ; peu ou point de grammairiens pour les fixer dans des livres d'enseignement. Les écrivains eux-mêmes, tels que le célèbre Grégoire de Tours, qui a raconté d'ailleurs d'une manière si dramatique l'histoire de nos premiers rois, ne parlaient plus qu'un latin tout à fait indigne de la belle littérature qui avait jadis fleuri en Gaule à l'imitation de l'Italie. Mais si le latin dépérissait alors, ce n'était pas pour mourir, c'était pour se transformer [9].

Abandonné à lui-même, l'instinct populaire fit alors ce qu'il fait toujours en pareil cas : il altéra les mots, les raccourcit, les allongea ; il simplifia la déclinaison et la conjugaison latines, et, par suite, les règles autrefois suivies pour la construction des phrases ; si bien qu'au bout de quelques siècles, le latin se trouva changé en une langue nouvelle qu'on appelait volontiers le roman, en souvenir de son origine romaine et par opposition aux dialectes importés en Gaule par les conquérants barbares [10]. Dans le roman, quelques mots étaient restés des anciens dialectes celtiques ; quelques mots germaniques s'y étaient introduits avec les Francs, les Burgondes, les Visigoths et les Normands ; mais le fond était, en définitive, la langue latine, la langue des soldats de Jules César et de l'empereur Julien[11], peu à peu défigurée par un travail instinctif et populaire.

C'est là encore un fait notable et que j'ai à vous signaler. Le génie d'un seul homme, si grand qu'il fût, a toujours été impuissant à créer une langue et à la faire accepter par une nation, si petite qu'elle fût. Partout où paraît une langue nouvelle, tenez pour certain qu'il s'est produit une nation nouvelle et que cette langue est l'œuvre de la nation. En ce sens, on peut dire que la formation des langues est une œuvre essentiellement populaire. Sur le fond une fois constitué par un travail commun, les esprits d'élite, les grammairiens, les savants, les littérateurs, réunis ou non en corporations telles

que nos académies, peuvent exercer quelque influence : ils améliorent, ils corrigent la langue du peuple; ils en fixent les lois; ils en rédigent le dictionnaire. Mais tout cela est un travail postérieur et secondaire; l'œuvre principale a pour auteur le peuple même, qui s'est créé un idiome à son usage, dans l'exercice à peu près complet de sa liberté. Cela me conduit à une autre observation non moins grave que la précédente.

Si le peuple se crée une langue à son usage, il faut dire qu'il la crée aussi à son image et que, s'il est fort divisé, la langue le sera comme lui. Or, la Gaule franque, la Gaule, sous les trois premières dynasties de nos rois, était loin d'offrir le bel ensemble dont la France d'aujourd'hui est si fière. Le sol était morcelé en provinces plus ou moins indépendantes les unes des autres, où chacun des peuples barbares que je viens de vous nommer avait laissé des traces plus ou moins profondes de son langage, de ses lois et de ses coutumes. De là une foule de dialectes *romans*, souvent très-différents l'un de l'autre, quoique tous rattachés à une origine principale, le latin. De bonne heure cependant ces nombreux dialectes provinciaux se montrent ramenés à deux familles, celle qui dominait au midi de la Loire et celle qui dominait au nord. Les uns étaient des variétés de ce qu'on nommait la *langue d'oc*, les autres des variétés de la *langue d'oïl* (*oc* et *oïl* sont deux mots dérivés du latin et qui veulent dire *oui*). Les poëtes qui écrivaient dans la langue du Midi sont connus sous le nom de *troubadours*, ceux qui écrivaient dans la langue du Nord sous le nom de *trouvères*.

Mais au Nord surtout se forma la puissance des rois capétiens, qui eut pour centre Paris et l'Ile de France; c'était déjà une raison pour que la langue de ce pays l'emportât sur celle des contrées méridionales. Un grand événement vint encore aider à cette victoire. Le Midi était déchiré par des discordes religieuses. Une hérésie redoutable, celle des Albigeois, s'y était rapidement développée. Elle attira sur ce malheureux pays, avec les foudres de l'Église, les désastres d'une guerre sans pitié où se mêlaient beaucoup d'ambitions purement humaines. Dans la première moitié du XIIIe siècle, une véritable croisade, dirigée par les barons du nord de la France, noya dans le sang les villes hérétiques de la Provence et du Languedoc. Les langues du Midi qui avaient déjà produit alors beaucoup de belles œuvres littéraires, reçurent de ces événements un contre-coup mortel, et elles ne se relevèrent jamais [12]. Il fut dès lors décidé, par la force même des choses, que le français de Paris et des provinces du Nord deviendrait, comme il est devenu en effet, la langue de toute la monarchie française. Et en effet, au XIVe, au xve siècle, il n'y a plus en France deux littératures *romanes*, il n'y a plus qu'une langue et qu'une littérature *françaises*.

C'est donc alors que s'ouvre la troisième période que je vous annonçais en commençant. L'unité pour ainsi dire officielle de notre langue est définitivement constituée, comme celle de notre nation. Les progrès successifs du pouvoir royal n'ont fait que l'affermir. Les provinces qui, dans la suite, ont été annexées au territoire français, se sont naturellement fondues dans cette unité de plus en plus puissante, par la force militaire et par l'éclat du génie dans les sciences et dans les arts. Dès le XIIIe siècle, la langue du Nord était très-florissante ; elle comptait un grand nombre de poëtes, dont quelques-uns sont restés célèbres, quoique les changements apportés à la langue par le progrès des siècles nous rendent assez difficile la lecture de ces vieux trouvères. On est obligé de les expliquer aujourd'hui, dans les cours, comme on explique des auteurs grecs ou latins; et cependant, il ne faut pas s'y tromper, leur langue ne diffère par aucun caractère essentiel de celle que nous parlons aujourd'hui. L'orthographe en fait souvent la principale différence, et c'est pourquoi j'ai cru pouvoir vous dire que la troisième période de l'histoire de notre langue coïncide avec les victoires décisives de la monarchie capétienne. Tout ce qui s'est fait depuis ce temps n'est que la continuation d'un même progrès. La langue française du xve et du xvie siècle, celle qui prit dès lors une forme de plus en plus fixe, grâce à l'imprimerie, sert de transition entre le moyen âge et le siècle de Louis XIV. A toutes ces dates, sous tous les régimes que notre pays a traversés depuis six siècles, la Gaule n'est plus ni *romaine* ni *romane*; elle est *française*: c'est le français qui domine dans toutes les œuvres qui représentent son génie national, dans tous les actes de sa vie politique. Nos grands écrivains ont pour ancêtres directs les écrivains du temps de saint Louis.

II

Mais un peuple ne vit pas seulement de la vie publique ; sa force n'est pas seulement représentée par une armée permanente, par une action politique fortement concentrée aux mains de ses chefs, par des sociétés savantes et littéraires. Sous cette uniformité solennelle de la vie nationale subsistent et se perpétuent des diversités auxquelles répondent des langues non moins diverses. Les dialectes longtemps en usage dans chaque province, dans chaque partie d'une grande province, abdiquent moins facilement encore devant la langue officielle que les libertés locales n'abdiquent devant le pouvoir d'un gouvernement central, si fort et si glorieux qu'il soit. Ces dialectes survivent donc, et survivent longtemps à l'organisation d'une grande nationalité, à la prédominance d'une langue nationale. Sans doute ils ont perdu, sous le nom un peu méprisé de *patois*, l'importance qu'ils avaient à l'origine ; mais chaque petite fraction du grand peuple s'obstine à les parler, et y retrouve comme un souvenir et une image de son ancienne liberté. Il y avait encore, à la fin du XVIIIe siècle, beaucoup de provinces françaises, la Bretagne, par exemple, où le français ne servait guère que pour les rapports des habitants avec l'administration supérieure, où il n'était compris et pratiqué que dans la haute société, où les campagnards s'obstinaient à n'employer que le patois de leur village. Après la révolution de 1789, lors de ce mouvement irrésistible qui entraîna la France à resserrer les liens de son unité sociale en abolissant les priviléges et en fondant l'égalité civile, une de nos assemblées révolutionnaires eut la pensée que l'on pouvait aussi *anéantir* les patois. Le 30 prairial an II de la République française, le citoyen Grégoire lisait à la Convention nationale un rapport rédigé en ce sens. Il y énumérait les trente patois subsistants alors, qu'il signalait comme un obstacle au progrès de la fraternité entre tous les membres de la famille française, et il proposait « d'*uniformer* le langage de la » grande nation de manière que tous les ci» toyens qui la composent pussent sans ob» stacle se communiquer leurs pensées. »

Pour cela il ne fallait rien moins que décréter une défense absolue de faire désormais usage des patois. Aussi ce rapport, comme toute entreprise qui fait violence à la nature

des choses, resta une lettre morte. On pouvait bien décider que désormais tous les officiers de l'état civil rédigeraient en français les actes de leur compétence ; que les juges, que les avocats dans les tribunaux, que les prêtres dans la chaire chrétienne n'emploieraient pas d'autre langue ; qu'elle serait seule enseignée dans les 30 ou 40,000 écoles de nos communes ; c'était beaucoup déjà, mais ce n'était pas l'abolition radicale qu'on avait un instant rêvée. Nous sommes à quatre-vingts ans du rapport de Grégoire ; le progrès naturel des mœurs et le développement de l'éducation populaire ont produit à cet égard d'heureux effets. Les patois ont perdu du terrain, comme en ont perdu les préjugés provinciaux ; mais enfin ils vivent encore, et quelques-uns prétendent ne pas mourir. Non-seulement on parle toujours basque sur notre frontière occidentale des Pyrénées, on parle breton en Bretagne, on parle flamand dans notre département du Nord, et à plus forte raison on parle allemand dans l'Alsace, qui n'est pas pour cela en arrière de patriotisme sur les autres départements de la France : ces idiomes provinciaux ne sont pas des dialectes de la langue française. Mais on parle bourguignon dans la Bourgogne, forésien autour de Lyon, picard en Picardie, languedocien dans la Haute-Garonne. Les dialectes de ces provinces n'ont pas tous, d'ailleurs, la même beauté, la même importance : quelques-uns n'ont jamais produit de littérature, et ceux-là sont les plus menacés de périr ; quelques-uns ne diffèrent de notre bon français que par une prononciation particulière des mots de la langue commune. Les uns sont pauvres et grossiers, les autres riches, élégants et sonores. Mais ce qui surtout assure à quelques patois une vitalité durable, c'est d'avoir produit et de continuer à produire des œuvres littéraires. Plusieurs d'entre eux ont cet avantage, et je vous en citerai pour exemples le picard, le provençal et le languedocien.

Le picard ne me séduit, je l'avoue, par aucune grâce particulière; j'en trouve la prononciation lourde et traînante. Cependant il a, aujourd'hui encore, un poëte qui s'est fait lire, même en dehors de sa province natale. C'est Hector Crinon, laboureur et sculpteur en bois des environs de Péronne. Ce brave homme, père d'une nombreuse famille qu'il a honorablement élevée, a écrit plus de trente pièces en vers picards. Il a exprimé dans son naïf patois les joies et les douleurs de la famille; il a donné aux paysans de son voisinage de spirituels et excellents conseils durant nos troubles révolutionnaires, et il a eu le bonheur de se voir écouté. Ses vers, publiés d'abord au jour le jour, dans les feuilles du pays, ont paru dignes d'être réunis en un volume, et les protecteurs ne lui ont pas manqué pour mener à bien cette entreprise délicate [13], car son talent et son honnêteté lui ont fait beaucoup d'amis. Aujourd'hui Crinon est fort malade, retenu au lit par des infirmités précoces; mais il n'est pas oublié, et tout récemment encore je puis vous dire que la main généreuse de la protectrice de votre Asile s'est étendue pour venir en aide au poëte picard, et comme pour le remercier, au nom de la France, des bons exemples que sa vie a donnés.

Mais c'est surtout dans nos provinces méridionales que les patois jouissent encore d'une popularité très-vivace et peut-être mieux justifiée. Dans le pays où fleurit autrefois la riche littérature des troubadours, il y a aujourd'hui même des poëtes, et des poëtes éminents, qui se font honneur de n'écrire qu'en leur patois natal. Certainement vous connaissez le nom de Jasmin, le perruquier d'Agen, auteur de petits poëmes dont quelques-uns sont des chefs-d'œuvre. Je l'ai entendu moi-même, à Paris, traduisant en français parisien, puis déclamant dans sa langue originale quelques pièces vraiment remarquables par la délicatesse du sentiment ou par un bon sens exquis, quelques-unes où le talent s'élève jusqu'à l'éloquence. L'Académie française, créée pourtant en vue de défendre et d'encourager le français proprement dit, n'a pu résister à la séduction des vers de Jasmin, et elle lui a décerné, en 1852[14], une de ses couronnes les plus enviées par les écrivains de profession. Jasmin est mort aujourd'hui ; mais il a laissé plus d'un successeur ; un de ses compatriotes, M. Mistral, est auteur de deux grands poëmes en vers provençaux. Voilà un patois qui sait se défendre contre les envahissements de la langue française et renouveler dignement les souvenirs de la patrie des troubadours.

A quel point ce langage aimable et sonore contribue aux joies de la vie dans ces belles provinces du Languedoc et de la Provence, c'est ce que je veux vous faire comprendre par deux histoires toutes récentes.

Un de mes savants confrères, le botaniste Moquin-Tandon, mort il y a quelques années, était provençal de naissance et plein d'un amour tout patriotique pour les patois de son pays; il faisait collection de tous les livres provençaux; il avait écrit lui-même en cette langue certain petit poëme qu'il avait donné pour une œuvre du XIIIe siècle et qui avait trompé la défiance d'habiles connaisseurs [15]. Un jour, il s'avisa de demander par lettre circulaire à tous ceux qu'il savait tenir honnêtement la plume autour de sa ville natale de vouloir bien traduire à son intention un chapitre de l'Évangile (c'était, je

crois, la parabole de l'enfant prodigue), et de le traduire dans le patois même du village ou de la petite ville où chacun d'eux était né. Il m'a conté qu'un matin lui arrivèrent à la fois, en réponse à sa circulaire, deux lettres dont je vous dirai à peu près le contenu. La première exprimait la plus vive reconnaissance pour le savant qui voulait bien s'intéresser au pauvre patois de tel village. L'autre, au contraire, était presque une lettre d'excuse ; le correspondant ne comprenait pas qu'un savant homme tel que Moquin-Tandon s'occupât d'une si petite chose et fût si heureux de recueillir quelques pages de mauvais jargon. Savez-vous de qui était la première lettre ? Elle était d'un gentilhomme, et la seconde d'un boulanger. Le premier était fier de n'avoir pas oublié le parler de sa nourrice ; l'autre (c'était le célèbre Reboul) l'oubliait de son mieux, et je dois dire d'ailleurs qu'il s'entendait fort bien à manier notre langue académique et qu'il était devenu, à ce titre de poëte français, le correspondant de Lamartine qui lui a écrit une belle épître en vers.

Voici mon autre anecdote, elle n'est pas moins caractéristique. Il y a quelques mois, dans un château près d'Arles ou d'Avignon, chez un fort noble personnage de la contrée, étaient réunis dix à douze Provençaux qui, pendant une semaine, n'ont parlé que leur cher patois, et en vers et en prose, n'ont bu que des vins de Provence, n'ont mangé que des fruits de Provence et des mets préparés à la provençale par un cuisinier du pays. Les journaux ont rendu compte de cette espèce de congrès, où une élite d'hommes de goût se sont fait honneur de leur fidélité aux traditions de leur pays natal [16].

Nous sommes donc loin de voir disparaître les patois. Et pourquoi, vraiment, voudrions-nous les faire mourir? Pourquoi chacune de nos provinces n'aurait-elle pas le droit de garder ces souvenirs originaux de son ancienne indépendance? Pourquoi lui envierions-nous l'innocent plaisir d'exprimer à sa guise les sentiments et les pensées qui lui sont propres? Notre langue académique, la langue de Corneille, de Molière et de Bossuet, est admirable sans doute ; mais elle est quelquefois trop grande dame pour se prêter aux inspirations modestes de la poésie du village. Certains patois ont un charme particulier de naïveté locale et comme une saveur du terroir que rien ne peut remplacer ; ils répondent aux variétés du climat et comme aux divers aspects de la nature dans nos provinces. Laissons le villageois, laissons le bourgeois des petites villes écrire et chanter, quand il lui plaît, à la manière de ses aïeux, pourvu que d'ailleurs, à l'église, à la mairie, chez le notaire ou au tribunal, il entende et pratique la langue commune, pourvu qu'en tout ce qui touche aux intérêts de la grande patrie, il reste toujours un bon Français [17].

Et le wallon, pour lequel Littré avait tant d'estime
1925
L.

III

La langue française nous offre d'autres diversités et de plus regrettables que celles des patois. Elle en a qui dépendent des différences mêmes de l'éducation entre les diverses classes de notre société; elle en a qui tiennent aux diverses professions, enfin elle en a de tout artificielles. Par exemple, dans un certain monde, aujourd'hui, se répand l'usage de mots nouveaux ou employés dans un nouveau sens. Ces nouveautés sortent on ne sait d'où, et deviennent à la mode; on les entend au théâtre, on les lit dans les feuilletons et les romans du jour, et les meilleurs esprits ont parfois de la peine à s'en défendre. Tel est le mot *chic*, pour désigner soit une habileté particulière, soit une façon pittoresque de s'habiller ou d'arranger les choses. Tel est le mot *chien*, pour signifier la verve et l'entrain d'un esprit original[18]. Il y a longtemps qu'on tourmente ainsi notre langue pour lui faire dire les choses au rebours du naturel et quelquefois du bon sens. C'est ainsi qu'au temps de Louis XIV, régna pendant quelques années, un jargon tout plein d'une fausse élégance, celui dont Molière s'est si gaiement moqué dans sa comédie des *Précieuses ridicules*. Affecter d'employer de ces termes peu usuels ou de donner un sens particulier à des mots d'ailleurs usités, c'est ce qu'il faut nommer, par son nom, du *pédantisme*. Les gens du meilleur monde en donnent souvent l'exemple. Mais, à vrai dire, il y a parmi nous des pédants de toute condition et de tout grade. J'en connais beaucoup qui portent l'habit noir (si tant est que l'habit noir soit une distinction bien précise entre les classes dont se compose le peuple français); je crains d'en connaître aussi qui portent la blouse ou la livrée.

Beaucoup de gens d'une condition qu'il faut bien appeler inférieure, quoiqu'elle n'ait absolument rien de contraire à l'égalité civile et morale, fuient comme une offense certaines désignations qui sont en elles-mêmes les plus innocentes du monde, et qui expriment ou des idées fort simples ou des sentiments fort louables. Par exemple, l'usage est depuis longtemps consacré d'appeler *domestique* une personne qui s'est librement mise au service d'une autre, et qui, comme le nom l'indique (*domestique* vient de *domus* « maison »), vit attachée à la maison d'une autre. Aucune injure assurément ne s'attache à ce titre, et cela est si vrai que, dans l'ancienne société française, de grands seigneurs s'appelaient les « domestiques » des princes et des rois, de grands écrivains se faisaient honneur de cette domesticité. Regardez maintenant comment nous appelons les femmes attachées au service de nos enfants : nous les appelons des *bonnes*, c'est-à-dire que nous leur prêtons une vertu qu'elles n'ont pas toujours, et que nous leur faisons ainsi les avances d'une politesse toute confiante. Il dépend donc des *bonnes* et des *domestiques* d'honorer le nom que l'usage leur donne, et qui, en soi, n'a rien d'offensant pour ceux qui le portent, même dans la société la plus démocratique du monde. Autre exemple de vanité, à mon sens, puérile. J'ai ouï dire que naguère les portiers de Paris se sont réunis et ont essayé de s'entendre pour obtenir qu'on les appelât désormais des concierges. Je sais bien que, si j'ouvre un dictionnaire, il m'apprendra que le concierge est le portier d'une grande maison ou d'un palais[19], mais, dans les deux cas, la fonction est la même. De plus, *concierge* est un mot d'origine obscure, et ce qu'on a pu en dire de plus probable est qu'il vient du latin *conservus;* alors, il signifierait *compagnon d'esclavage*, ce qui est beaucoup moins honorable que d'être librement attaché à garder la porte d'une maison bourgeoise ou d'un palais. Quoi de plus simple d'ailleurs que de garder le nom de la profession qu'on exerce? Un *cuisinier* fait la *cuisine*, un *pâtissier* fait des *pâtés*, un *ébéniste* travaille le bois (primitivement le bois d'*ébène*), un *latiniste* s'occupe de *latin*, etc. Il est tout naturel que l'on garde sans humiliation comme sans offense le titre du métier qu'on exerce, pourvu que ce métier soit honorable. A cette occasion, j'avouerai que je ne partage pas tout à fait les scrupules de ceux qui voudraient qu'on abolît le *pourboire*, ou, comme on l'appelle ailleurs, la « bonne main. » Le pourboire est un surcroît de rétribution que la libéralité de chacun attribue à certains services, quand ils sont rendus de bonne grâce; je ne vois pas ce que la dignité humaine perd à le recevoir. Si le pourboire a quelque chose de fâcheux, c'est par le mauvais usage qu'on en fait. Au lieu d'aller boire au cabaret ce que vous avez reçu, ajoutez-le à votre épargne, et réservez-le pour des besoins sérieux : ce sera en vérité une très-honnête façon d'agir, et personne n'aura lieu de vous blâmer ni de se plaindre.

D'autres variétés de la langue vulgaire n'ont pas besoin d'excuse, tant elles se justifient par les usages mêmes de la vie professionnelle. Chaque atelier a son dictionnaire, et quelquefois ses tours de phrase, qu'il faut lui permettre, bien qu'il en résulte quelque obscurité pour ceux qui, comme on dit, ne sont pas du métier; de même, chaque science, l'histoire naturelle, la physique, l'anatomie, etc., a son vocabulaire : c'est là un effet naturel de la spécialité des travaux. En ce genre, je ne sais si le vocabulaire des ateliers ne vaut pas souvent mieux que celui des plus savants laboratoires ; j'ai même admiré quelquefois, quand je visitais des manufactures, les expressions pittoresques par lesquelles l'ouvrier désigne soit les instruments de son travail, soit les opérations de son industrie : j'y trouvais quelquefois une véritable poésie de langage.

Mais ce que je regrette, ce que j'ai peine à excuser, ce sont les mots populaires ou, comme on disait encore dans ma jeunesse, les mots *faubouriens*, qui ne se distinguent de leur équivalent, ou (pour parler avec les grammairiens) de leur *synonyme* en bon français que par la grossièreté. On dit proverbialement *parler comme un cocher de fiacre* pour *parler grossièrement*. Les cochers de fiacre peuvent s'offenser du proverbe ; mais à qui la faute ? Je ne sais en vérité d'où leur vient cette manie ; mais il est certain que deux cochers ne peuvent guère se heurter dans la rue, eux ou leurs chevaux, ou leurs voitures, sans en venir tout de suite aux gros mots, et nous devons nous tenir heureux quand ils ne les emploient pas même avec les gens qui les paient. C'est là ce que j'appelle une impolitesse purement gratuite : la langue n'y gagne pas en force ce qu'elle perd en civilité. Quand vous voulez dire *tu m'ennuies*, vous dites plus souvent, n'est-ce pas ? *tu m'embêtes* ; vous avez même pour cela un ou deux autres synonymes plus vilains encore. Si vous voulez renvoyer un importun, vous ne lui dites pas *d'aller se promener*, ce qui serait déjà peu civil ; vous employez un mot que je ne puis ni ne veux répéter ici : tout cela fait peine aux gens bien élevés, qui aiment à se rapprocher de leurs concitoyens même les moins instruits ou les plus pauvres, mais qui ne peuvent se défendre d'une répugnance bien légitime pour ces mauvaises façons de parler.

Dans l'intérieur des familles, les conséquences de ce méchant usage sont plus tristes encore. Un gros mot est toujours près d'un acte brutal, et à se rudoyer en paroles, on risque bien vite d'en venir aux coups. La rudesse des maris est contagieuse pour les femmes, puis elle inspire aux enfants une crainte de leurs parents qui n'a rien de commun avec le respect; puis l'enfant s'armera bientôt lui-même de ces mots violents, comme d'une défense contre les façons violentes dont on use avec lui. Les mœurs ont beaucoup à souffrir de ces déplorables habitudes, dont il serait si facile de s'abstenir. Car l'éducation primaire la plus modeste suffit à nous pourvoir du bon langage, utile aux principales relations de la vie. Il n'y a pas un élève de nos écoles municipales qui ne puisse au besoin, s'il le veut, parler convenablement au maire de sa commune, au préfet de son département, au curé de sa paroisse, en un mot à un homme plus savant et d'un esprit plus cultivé. Le tout est de s'y accoutumer de bonne heure, et de sentir combien une telle habitude est favorable aux rapports d'égalité que la loi établit entre les citoyens.

Je parle ici, bien entendu, je parle du langage courant, du langage qui sert aux relations morales de tous les jours, et qui s'apprend plus encore par l'usage que par les livres. Le langage scientifique et technique a des aspérités qui le rendent parfois difficile pour ceux qu'on appelait en vieux français les petites gens, et je confesserai sans peine, à cet égard, le tort des savants. Les savants aiment à se faire valoir, et pour cela ils ont souvent préféré à des mots très-simples des termes pédantesques. On ne m'accusera pas d'aimer peu le grec ; je l'ai, toute ma vie, étudié, et, plus je l'étudie, plus je l'admire. Mais je n'approuve pas qu'on surcharge notre langue de mots transcrits du grec, sans nécessité, quand il y a pour dire les mêmes choses des mots fort simples et d'une physionomie toute française. Je déplore surtout qu'on nous ait imposé ainsi des mots qui ont le double tort de n'être ni français d'apparence ni correctement dérivés du grec d'où on les tire. C'est le tort, faut-il l'avouer? de bien des termes aujourd'hui consacrés pour le système métrique. Un habile professeur, M. Tarnier, a naguère exposé ici l'histoire de nos poids et mesures; il a fait ressortir tous les mérites de leur classement et de leurs divisions, si commode pour les calculs. Mais un helléniste a peut-être le droit de vous dire que les savants auteurs de cette nomenclature savaient, en vérité, trop peu le grec et qu'ils ont forgé, selon leur caprice, bien des termes barbares ou d'une longueur fort gênante pour une bouche française. Aussi ne s'étonne-t-on guère des résistances que la foule oppose à ces savantes nouveautés. Je ne puis me défendre de quelque compassion quand j'entends une pauvre fruitière s'évertuer à crier qu'elle vend des cerises à « dix centimes le demi-kilo, » quand il lui serait plus commode de dire « deux sous la livre, » si le sergent de ville n'était là pour veiller à l'observation des règlements. Encore le *kilo* lui-même est-il déjà une abréviation du *kilogramme*, que l'usage n'a pu supporter. Croyez, Messieurs, que le professeur qui vous parle n'est pas fier de ces abus, maintenant consacrés, et que, s'il y avait moyen de revenir sur les faits accomplis, il s'emploierait, au moins pour ce qui est des mots (car sur les choses tout le monde est d'accord), il s'emploierait, dis-je, et de tout cœur, à réformer la réforme.

Heureusement, ce sont là des exceptions, et, je le répète, il y a pour tous les honnêtes gens, en France, une langue moyenne et commune qui n'offre de difficulté sérieuse à personne : c'est le français que nos ancêtres ont créé, durant des siècles dont je viens d'esquisser l'histoire ; c'est le français que les grands écrivains ont enrichi et ennobli, et qu'ils soutiennent par leur talent au premier rang des langues littéraires et savantes. Aimez cette belle et bonne langue, comme une partie de notre gloire nationale ; efforcez-vous de la bien parler, dans la mesure de vos besoins et de vos devoirs. Profitez pour cela des exemples mêmes que nous vous donnons ici. Après tout, la distance qui sépare votre éducation de la nôtre n'est pas telle que nous devions employer pour ces conférences une autre langue que celle de notre enseignement ordinaire, en Sorbonne, au Muséum ou au Collége de

France. Voici la cinquième fois que je parle devant cet auditoire, et cela sur les sujets les plus divers ; j'ai eu jusqu'à présent le plaisir de voir que je me faisais comprendre, sans rien sacrifier de la correction et de la dignité qu'un professeur consciencieux tient à honneur de garder toujours dans ses leçons. Ce soir, en particulier, votre attention sympathique et intelligente me prouve que je n'ai pas plus mal réussi que de coutume, et cette conviction est pour moi la plus douce récompense de mes efforts.

NOTES

—

1. Brunetto Latini, écrivain du temps de saint Louis, préface de son *Trésor* (*Tesoretto*), espèce d'encyclopédie comme le moyen âge en a produit plusieurs.

2. Il y a sur ce sujet un spirituel Discours de Rivarol (1784) et deux ouvrages fort instructifs, l'un allemand, de Schwab (1803, traduit en français par Robelot), l'autre français, d'Allou (Paris, 1828).

3. On lira pourtant avec fruit sur ce sujet, quelques pages intéressantes dans les ouvrages de Geruzez (1861) et de Demogeot (3e éd. 1857).

4. Le cours dont il s'agit ici est professé depuis plusieurs années par M. Guessard, aujourd'hui membre de l'Institut. Voir : l'Ecole des Chartes, son passé, son présent, son avenir, par A. Vallet (de Viriville), 1867. C'est comme le complément de la Notice publiée sur le même sujet, en 1839, par Martial Delpit.

5. Le premier professeur de cet enseignement a été M. Paulin Paris, membre de l'Institut. Il était naguères suppléé par son fils, M. Gaston Paris, ancien élève de l'école des Chartes, docteur ès lettres de la Faculté de Paris, lauréat de l'Institut.

6. Cet enseignement est surtout donné dans la conférence dite de Grammaire, que j'ai eu l'honneur de di-

riger pendant vingt-deux ans, et qui est aujourd'hui dirigée par M. Charles Thurot.

7. La langue française depuis son origine jusqu'à nos jours. Tableau historique de sa formation et de ses progrès. Paris, 1866, in-12 (librairie Didier).

8. On les trouvera reproduites dans le tome Ier de l'ouvrage de feu M. de Chevallet, qui a pour titre : *Origine et formation de la langue française* (1858).

9. A vrai dire, la transformation datait de plus haut, car, selon le mot d'un ancien, les langues sont toujours en mouvement. Mais le mouvement s'accélère lorsque les écoles littéraires ne le contiennent pas et dans les régions sociales où elles ont peu d'autorité.

10. J'ai indiqué sommairement les principaux caractères de cette transformation dans le chapitre XXI de mes *Notions élémentaires de Grammaire comparée* (6e édition 1865), où les notes indiqueront plusieurs autres ouvrages utiles à consulter sur le même sujet.

11. Je rapproche avec intention le principal conquérant romain de la Gaule et l'un des plus célèbres défenseurs de la Gaule romaine contre les barbares. D'ailleurs le palais des Thermes, la plus considérable des antiquités romaines qui subsiste à Paris, rappelle naturellement le souvenir du jeune capitaine qui en fit pendant quelque temps sa résidence.

12. Voir l'Histoire de la Littérature provençale de M. Fauriel (Paris, 1846, 3 vol. in-8°) et la leçon d'ouverture du Cours de littérature provençale professé à l'école des Chartes, en 1865, par M. Paul Meyer.

13. *Satires picardes*, par H. Crinon, Péronne, 1863, in-8° (avec une notice sur l'auteur par M. A. Breuil). Quelques titres suffiront à faire apprécier la variété des

sujets sur lesquels Crinon s'est exercé : *les Partageux, les Incendiaires, Restons Villageois, sur les Femmes, la Crinoline*, etc.

14. C'était un prix extraordinaire de 5,000 francs, sur la fondation Montyon. Voir le Rapport de M. Villemain, secrétaire perpétuel de l'Académie, sur les concours de cette année 1852.

15. *Carya Magalonensis*, ou Noyer de Maguelonne, 2e édition, avec traduction en regard. Montpellier et Toulouse, 1844, in-12. Cette 2e édition est signée par l'auteur, qui, dans un Avertissement, avoue au public la petite fraude dont il s'était rendu coupable.

16. Congrès des poëtes provençaux et languedociens réunis à Avignon sur l'invitation de M. William C. Bonaparte Wyse. Toulon, 1867, in-8° (extrait du *Toulonnais* du 18 juin).

17. Grégoire demandait hardiment (p. 15 du Rapport cité plus haut) « qu'on ne pût être admis à se marier « sans savoir bien écrire et parler la langue nationale. » Même aujourd'hui la loi civile n'ose pas être aussi exigeante. Cependant Grégoire a cru voir commencer déjà la réforme qu'il avait si passionnément défendue. Dans son premier rapport à la Convention « sur les destructions opérées par le vandalisme, » il dit (page 16) : « Le projet d'uniformer l'idiome et de donner à la langue de la liberté le caractère qui lui convient, commence à s'exécuter. Déjà plusieurs sociétés populaires du Midi ont arrêté de ne plus discuter qu'en français. » — Ces divers Rapports de Grégoire viennent, fort à propos, d'être réimprimés, sur mon conseil, par un bibliophile normand, M. Ch. Renard, en un volume in-8° (Caen, chez Massif; Paris, chez Delaroque).

18. Tous ces mots et bien d'autres du patois faubourien et même de l'argot des voleurs sont réunis dans le *Dictionnaire de la langue verte* (Paris, 2e édition, 1867), par M. Delvau, compilation assurément utile pour les curieux et pour les historiens de notre langue, mauvais livre à mettre en des mains inexpérimentées, car il pourrait s'intituler : *Dictionnaire des mots et locutions à éviter pour le bon usage de la langue française.*

19. Voir le *Dictionnaire de la langue française*, par E. Littré, au mot *Concierge.* On pourra comparer l'histoire et le sens des mots *Connétable* et *Maréchal.*

FIN.

Imp. L. Toinon et Ce, à Saint-Germain.

IMPRIMERIE L. TOISON ET Cie, A SAINT-GERMAIN

BIBLIOTHÈQUE A 25 CENTIMES LE VOLUME
A 35 CENT. POUR LES OUVRAGES SOUMIS AU TIMBRE
Format petit in-18

AUCOC — cent.
...istoire des voies de commu-
...olumes.................... 25

...LLART (*de l'Institut*)
... 1 volume................ 25
... 1 volume................ 25
... Critiques. 1 volume...... 35
... volume.................. 35
...es et les Cours populaires.
.... 25
...l'Association. 1 vol....... 35

...ÉRARD (Paul)
...stique de l'Eclairage. 1 vol. 25
... végétaux. 1 volume....... 25

...EROUSSE (Ch. de)
...érieurs. 1 volume........ 25
...s la Famille. 1 volume.... 25

...ARBOY (Mgr)
...nt de soi-même. 1 vol.... 25

...ÉE (*de l'Institut*)
...rieure du globe. 1 vol.... 25
...Continents. 1 volume..... 25

...UVAL (Jules)
...opératives de production.
.... 35
...pératives de consommation.
.... 35
...pératives de crédit. 1 vol... 35
... volume.................. 25

... (E.) *de l'Institut*
...l'antiquité et dans les temps
...volume................... 25
...trefois. 1 volume......... 25

...MARION (Camille)
...avail. 1 volume........... 25

...K (A.) *de l'Institut*
... volume.................. 25
...Fausse Égalité. 1 vol..... 35

...EBHARD (A.)
...lectrique. 1 volume....... 25

...IMMERAYE (de)
...secours mutuels. 1 vol.... 35

...LAVOLLÉE
...verselle de 1867. 1 vol.... 25

LECLERT (Emile) — cent.
La Voile, la Vapeur et l'Hélice. 1 vol.... 25

LEVASSEUR
La Prévoyance et l'Épargne. 1 vol........ 35
Du Rôle de l'intelligence dans la production. 1 volume........................ 35

MENU DE SAINT-MESMIN
L'Ouvrier autrefois et aujourd'hui. 1 vol.. 25

MORIN (Ernest)
Montyon, ou la vie d'un homme de bien. 1 v. 25
Les Prix Montyon. 1 volume............ 25

PAYEN (*de l'Institut*)
L'Eclairage au gaz. 1 volume.......... 25

PERDONNET
Les Chemins de fer. 1 volume..........
Utilité de l'instruction pour le peuple. 1 vol.

QUATREFAGES (de) *de l'Institut*
Le Ver à soie. 1 volume.............. 25
Histoire de l'Homme. 1. Unité de l'espèce. 1 volume.......................... 25

REBOUL DENEYROL
Aperçu historique sur l'Asile et les Conférences. 1 volume.................... 25

RIANT (Aimé)
Le Travail et la Santé. 1 volume....... 25
L'Hygiène du Foyer. 1 volume.......... 25

ROBERT (Charles)
De l'Ignorance. 1 volume.............. 25

ROUCHE (Eugène)
Le Système du Monde et le Calendrier. 1 vol. 25

SIMONIN
Le Mineur de Californie. 1 volume....... 25
Les Cités ouvrières de Mineurs. 1 vol.... 25
Les Grands Ouvriers. 1 volume.......... 25

WADDINGTON (Ch.)
Des Erreurs et des Préjugés populaires. 1 vol. 25

WOLOWSKI (*de l'Institut*)
Notions générales d'Économie politique. 1 volume........................ 35
De la Monnaie. 1 volume.............. 35

WORMS
Quelques considérations sur le mariage. 1 v.. 25

...ées sont la reproduction de conférences faites à l'asile impérial de Vincennes, sous le patronage de S. M. l'Impératrice.

IMPRIMERIE L. TOINON ET Cie, A SAINT-GERMAIN

IMPRIMERIE L. TOINON ET Cie, A SAINT-GERMAIN

www.ingramcontent.com/pod-product-compliance
Lightning Source LLC
LaVergne TN
LVHW061944220826
846091LV00011B/4079

* 9 7 8 1 2 4 9 4 9 4 1 0 2 *